D1261452

FIESTAS

Día de la Tierra

Rebecca Rissman

Heinemann Library
Chicago, Illinois

www.heinemannraintree.com
Visit our website to find out
more information about
Heinemann-Raintree books.

To order:

☎ Phone 888-454-2279

🖥 Visit www.heinemannraintree.com
   to browse our catalog and order online.

Edited by Adrian Vigliano and Rebecca Rissman
Designed by Ryan Frieson
Picture research by Tracy Cummins
Leveling by Nancy E. Harris
Originated by Capstone Global Library Ltd.
Printed in China by South China Printing Company Ltd.
Translation into Spanish by DoubleOPublishing Services

15 14 13 12 11 10
10 9 8 7 6 5 4 3 2 1

Library of Congress Cataloging-in-Publication Data
Rissman, Rebecca.
  Día de la Tierra / Rebecca Rissman.
     p. cm.—(Fiestas)
  Includes bibliographical references and index.
  ISBN 978-1-4329-5387-4 (hc)—ISBN 978-1-4329-5406-2 (pb) 1. Earth
Day—Juvenile literature. I. Title.
  GE195.5.R548 2011
  394.262—dc22   2010034160

Acknowledgments
The author and publishers are grateful to the following for permission to
reproduce copyright material: Corbis ©Tim Pannel **p.5**; Corbis ©Guenter
Rossenbach **p.11**; Corbis ©Vasiliki Paschali/epa **p.12**; Corbis ©Viviane
Moos **p.13**; Corbis ©Yi Lu **p.14**; Corbis ©Guenter Rossenbach **p.23a**;
Getty Images/Mark Mann **p.4**; Getty Images/Panoramic Images **p.7**;
Getty Images/Jeff Foott **p.8**; Getty Images/Jupiter Images **p.15**; Getty
Images/Charley Gallay **p.19**; Getty Images/Charley Gallay **p.23b**;
istockphoto ©John Clines **p.22**; NASA/Goddard Space Flight Center
p.6; Photolibrary/Sandro Di Carlo Darsa/PhotoAlto **p.17**; Shutterstock
©michael ledray **p.9**; Shutterstock ©Stéphane Bidouze **p.10**;
Shutterstock ©jordache **p.16**; Shutterstock ©Morgan Lane Photography
p.18; Shutterstock ©Stephen Aaron Rees **p.20**; Shutterstock ©Pedro
Tavares **p.21**; Shutterstock ©Stéphane Bidouze **p.23c**.

Cover photograph of children carrying boxes of recycling reproduced
with permission of Getty Images/image Source. Back cover photograph
reproduced with permission of Shutterstock ©Pedro Tavares.

Every effort has been made to contact copyright holders of any material
reproduced in this book. Any omissions will be rectified in subsequent
printings if notice is given to the publisher.

Contenido

¿Qué es una fiesta?

Una fiesta es un día especial.
Las personas celebran las fiestas.

El Día de la Tierra es una fiesta.
El Día de la Tierra es en abril.

El planeta Tierra

La Tierra es un planeta.

Vivimos en la Tierra.

La contaminación

Las personas han contaminado algunas partes de la Tierra. Los materiales dañinos que han producido contaminan la Tierra.

Parte del aire de la Tierra está
contaminado.

Parte del agua de la Tierra está contaminada.

Parte del suelo de la Tierra está
contaminado.

La contaminación hace daño a los animales y las plantas.

La contaminación también hace daño
a las personas.

Limpiar la contaminación

Las personas pueden limpiar
la contaminación.

Las personas pueden ayudar a la Tierra.

Celebrar el Día de la Tierra

En el Día de la Tierra, las personas dan las gracias por la Tierra.

Se recoge basura.

Se plantan árboles. Se marcha
en desfiles.

El Día de la Tierra nos recuerda que debemos cuidar la Tierra.

Los símbolos del Día de la Tierra

El símbolo de reciclaje es un símbolo del Día de la Tierra. Nos recuerda que debemos reciclar.

Las imágenes de la Tierra son símbolos
del Día de la Tierra.

Calendario

El Día de la Tierra es el 22 de abril.

Glosario ilustrado

basura desperdicios que la gente ha dejado caer al suelo

desfile grupo de personas que marchan juntas para celebrar algo

contaminación materiales dañinos producidos por las personas, como basura, gases o sustancias químicas. El aire, el agua o el suelo pueden estar contaminados.

Índice

Nota a padres y maestros

Antes de leer

Explique que el 22 de abril de cada año celebramos el Día de la Tierra, una ocasión para homenajear al planeta en que vivimos. Pregunte a los niños qué les gusta de la Tierra: los árboles, el agua, la nieve, las estaciones, etc. Pídales que comenten las maneras en que pueden ayudar a cuidar la Tierra (reciclar, apagar las luces que no se usan, no arrojar basura). Haga una lista con esas ideas que sirva como "recordatorio" y pueda exhibirse en el salón de clases.

Después de leer

Realicen un paseo por la naturaleza y exploren las plantas y los árboles en su ambiente natural. Recuerde que no es necesario estar en un ambiente rural para realizar un paseo por la naturaleza. Las áreas urbanas están llenas de maravillas naturales. Ayude a sus estudiantes a observar algunos frecuentes brotes nuevos que suelen pasar desapercibidos: las copas de los árboles, hierbas coloridas o plantas que crecen en las grietas de las aceras. Mientras se encuentren afuera, pida a cada niño que registre lo que ve de manera descriptiva, con un dibujo, un cuento o un poema.